AF263855

UNE
FÊTE DE FAMILLE

AU

MONT-D'OR LYONNAIS.

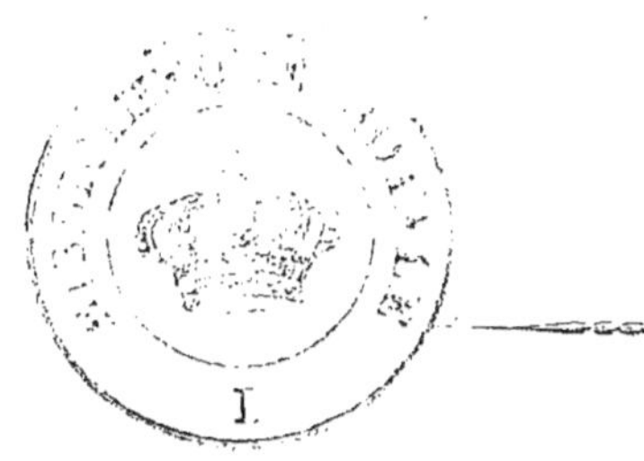

LYON,
IMPRIMERIE DE MOUGIN-RUSAND,
Halles de la Grenette.

1845.

UNE FÊTE DE FAMILLE

AU

MONT-D'OR LYONNAIS.

→→∋∋⋅◗⋅⋅∈∈←

C'était le mardi 30 septembre 1845, la clarté du matin était encore incertaine et pâle, lorsque je sortis de Lyon et me mis à gravir le Mont-d'Or dans la direction de Limonest, pour jouir du grand spectacle de la nature et de la calme harmonie des choses. Sur ces cimes élevées on a moins du siècle, mais on a plus de soleil. Tout était calme et silencieux autour de moi, à mesure que je pénétrais dans les sinueux vallons de la montagne ; ils étaient baignés d'une rosée étincelante ; ils nageaient dans la lumière et formaient une nappe d'or dans un cadre de marbre brun. Le ciel apparaissait d'une sérénité superbe. Le bouillonnement des eaux des petites rivières joyeusement fouettées par les roues des moulins et ruisselantes d'écume, le murmure argentin des sources prochaines, babillant avec les cailloux de leurs lits, interrompaient seuls le silence de cette matinée d'une tranquillité profonde ; des saules touffus , penchés sur les ruisseaux, y jetaient leurs ombres vertes et transparentes, tandis que de distance en distance de petits lacs enchâssés comme des nappes de cristal dans des bordures de peupliers et de bouleaux argentés, réfléchissaient l'aube blanchissante dans leurs miroirs profonds et bleus.

Plus tard l'or et l'azur de l'onde allaient se confondre avec l'or et l'azur du firmament. Les roseaux du rivage commençaient à courber leurs aigrettes de velours sous le léger souffle de la brise qui s'élevait au jour naissant. De petites maisons blanches, à moitié cachées dans des nids de feuillage , apparaissaient semées dans le paysage; des villas heureuses étaient refugiées entre la fraîche ur des arbres et la fraîcheur des eaux. Mes yeux se reportaient sur l'horizon pour admirer le premier sourire du soleil. Cet astre se montrait aux cîmes des arbres; les clochers saluaient le ciel, les oiseaux saluaient le jour , et les fantômes des ténèbres se repliaient avec leurs linceuls vers les montagnes du couchant dont le sommet se colorait des premières réfractions de la lumière.

Au réveil de la nature riante et animée succéda bientôt , avec les frais murmures, le réveil de la vie active et féconde, de la vie laborieuse et libre , de la vie d'affection et de famille.

En approchant de Limonest , je promenais mes regards sur les gracieux tableaux qui se déroulaient à mes pieds.

La route royale, semblable à un fil de lin jeté sur un tapis de verdure, formait une rampe douce et s'enfonçait en mille détours pittoresques vers les plans abaissés d'une contrée fertile, riante et richement colorée.

Du point qui domine le château de la Barollière, on contemple une éblouissante apparition : c'est la splendeur des terres fécondes, ce sont les flancs verdoyants des collines que les feux du levant font resplendir ; ces océans de verdure déroulés dans l'espace, les fleuves et les lacs embrasés, semés dans ce vaste tableau comme des miroirs ardents, et au-delà encore les zones bleuâtres qui se mêlent sans se confondre, les horizons violets et le ciel sublime de lumière et de transparence. De ce lieu élevé, j'admirais Limonest ; c'est un riant village, plein de poésie, qui semble retenu comme par enchantement sur la pente de la colline ; il est découpé d'une manière légère et agreste sur les sommets et aux flancs des coteaux où ses maisons blanches s'éparpillent, s'épandent et se réjouissent. Sa position unique en amphithéâtre au revers de deux monts, dans une région tant soit peu abritée du vent du nord, chauffée par les rayons du midi, lui donne un aspect de bonheur et un entourage de riche et fraîche végétation. La nature y est calme, douce, limpide, silencieuse et pleine de sérénité. De petites prairies y ont la verdure de l'émeraude ; les peines et les chagrins ne doivent pas tenir contre le parfum de ses genêts et de ses bruyères, ni contre l'air balsamique de ses belles et sourcilleuses montagnes, vertes au matin et bleues au soleil couchant.

Une petite église gothique d'une extrême simplicité et un humble presbytère dont le lierre et la mousse ont habillé les vieux murs, s'y montrent en vue du vieux château et dominent toutes les habitations qui sont assises à leurs pieds. Ces pieux édifices étaient naguère dignes de leurs pittoresques alentours. Le manoir féodal de la Barollière, en partie caché dans les bois qui en dépendent, se décelait anciennement aux voyageurs par ses tourelles perdues dans la cime des chênes centenaires. Cette demeure fut, vers les premiers jours du siècle, en quelque sorte, le berceau d'un enfant qui avait reçu en naissant le nom gracieux de *Paul;* plus tard, le ciel lui en réservait un autre. Il était doué par la nature d'une âme aussi pieuse que tendre, et de l'imagination la plus sensible et la plus colorée. Toutes ses pensées étaient sentiments, tous ses sentiments étaient images. Sa belle et suave figure réfléchissait dans sa physionomie rayonnante tout ce qui brûlait dans son cœur, tout ce qui se peignait dans sa pensée. Cet enfant transformait, dans son adolescence, ce nid de solitude en palais des songes d'or. Ah! oui, les songes effleuraient son jeune front de leurs blanches ailes! Il était heureux lorsqu'il faisait sa prière dans la petite chambre qui domine le vallon, en regardant la lune et en respirant les jasmins de sa fenêtre, car les choses divines le saisissaient d'un élan d'enthousiasme. Il portait de bonne heure dans son cœur cette poésie qui a dû rendre plus tard son existence noble et heureuse : c'est là qu'il faisait ses plus chères lectures et ses plus doux rêves;

c'est là aussi qu'il sentait son esprit s'émouvoir, se passionner pour ses beaux génies, les ornements de leurs pays et du monde entier. En évoquant leur souvenir, son front s'éclaircissait comme au retour d'une douce pensée. Depuis il s'est élancé dans la vie; il y fait de belles et grandes choses. Son nom est un de ceux qui remplissent aujourd'hui la France. Fasse le ciel que son puissant génie continue à servir le développement de ces principes rigides et conservateurs, qui ne peuvent périr sans que tout périsse avec eux. Ah! oui, ce beau et pieux génie ne servira jamais le déchaînement des passions ambitieuses! non, rien ne corrompra ce cœur généreux et toujours porté vers le bien. Quoique les habitants du Mont-d'Or ne le retrouvent plus dans leur tièdes campagnes où il faisait ses promenades bienaimées, il n'est point oublié sous leurs modestes toits; son nom, cher à tous les cœurs, y est toujours prononcé avec un pieux et tendre respect. S'il revient quelque jour les visiter, il y aura encore leurs premiers hommages; ils essuyeront la poudre de son pied et sépareront ce jour fortuné de tous les autres jours. Le modeste village serait heureux de dorer son nom obscur de quelques rayons de la gloire de M. *Paul*.

Je descendis, des régions qui m'inspiraient ces pensées, dans l'intérieur de Limonest. Là, je vis que tout se réveillait dans cette commune. Elle se couvrait de maisons neuves, de monuments précieux, et se chargeait des merveilles de l'art chrétien. Tout cela mêlé aux métairies avec leurs champs, aux maisons de plaisance avec leurs jardins, forme un contraste charmant. Dans le quartier neuf de Limonest, traversé par la grande route, s'élève un merveilleux édifice : c'est une petite église au type roman, imitation des magnifiques fleurs de la première architecture du moyen-âge, qui sont rares dans toute la France et qui semblent s'épanouir de préférence aux bords de la Saône. Cette église va être surmontée d'une flèche aérienne pyramidant d'une manière gracieuse et pittoresque dans le plus heureux site. Elle fera bientôt entendre le tintement doux et lent de ses cloches ; et le vent portera loin leurs mélancoliques vibrations. L'art et le cœur de l'homme sont allés loin dans l'érection de ce temple, qui reçoit de la grandeur des paysages dont il est entouré. La nature, qui est une constante merveille embellit le théâtre où la religion place ses autels. Le lieu où s'élève cette demeure est l'extrémité du vallon même, qui s'ouvre dans la montagne et finit à Roche-Cardon ; les arbres à la flèche élancée, ceux à vaste ombrelle, à la ramure mobile et gracieuse, qui percent çà et là une mer de verdure, enverront à cette église de la fraîcheur, de l'ombre, du silence et l'encens des fleurs.

A Limonest, le passé et l'avenir se donnent la main. Le village moderne s'élève à côté du village ancien ! Le vieux château de la Barollière, au milieu de ses futaies, avec sa porte autrefois couverte de chouettes, avec ses tourelles surmontées de girouettes ; le petit monastère de la Roussilière, crénelé, avec sa forêt de clochetons ; la gothique église encadrée dans ses ormeaux séculaires, avec ses gerbes de blé ou ses branches de sarments suspendus par la plèbe à sa porte ; les résidences rurales qui sont groupées autour de ces anciens édifices, les croix qui se trouvent à tous les carrefours des chemins, ainsi que l'image de la Vierge dont la niche est encadrée dans les murs vieillis, et devant laquelle le pèlerin égrenait le chapelet pendu à sa ceinture ; les hameaux qui portent les noms de saints ; tout cela appartient aux âges inconnus.

Les villas avec leurs jardins anglais, les maisons neuves avec l'industrie qui s'y est logée, l'église moderne avec ses riches sculptures, ressemblant à une cathédrale ; la nouvelle maison commune avec l'élégante horloge qui la décore et qui lui donne l'aspect d'un hôtel-de-ville ; la caserne de gendarmerie, la maison d'école, la place et les rues publiques créées dans ces derniers temps, et portant les noms des bienfaiteurs de la commune ; tout cela c'est l'adolescence.

Ici la petite cité qui meurt, là la bourgade qui naît ; ici le moyen-âge avec son unité si harmonieuse et si profonde, là le goût moderne avec son élégance si simple et si régulière ; là haut apparaît la féodalité, là bas s'agite l'industrie.

Les habitants de Limonest sont de grands faiseurs d'antithèses. Après celle dont je parle, ils en ont fait encore une des plus complètes, car il y a un jeune prêtre dans l'église neuve et un jeune maire dans l'Hôtel-de-Ville ; le nom du vieux curé, celui de l'ancien maire habitent seuls les édifices abandonnés. Ces hommes d'autrefois se sont occupés il y a peu de temps à tout arranger dans l'église et la maison commune, vides, à en fermer les portes et les fenêtres ; puis, ces devoirs remplis, ils ont pris le parti de la retraite. Qu'eussent-ils fait en vieillissant davantage dans leurs fonctions? tout n'avait-il pas changé autour d'eux ! ils étaient étrangers à la jeunesse et à la société ! Les jeunes deviendront vieux à leur tour, et ils iront un jour rejoindre leurs prédécesseurs ; il y aura entre eux tous communion de poussière, après union des cœurs.

En avançant, je remarquais que tout s'agitait dans le bourg de Limonest. Ce pays avait un air de fête. Toutefois, ce n'était pas une de ces journées à grande attraction. Les habitants en habits des dimanches, le livre de prière à la main, s'empressaient vers l'église neuve ; les prêtres du canton arrivaient par tous les sentiers de la montagne et s'acheminaient vers la maison de Dieu. Le parvis du temple se remplissait de foule, de mouvement, et le recueillement y régnait. Je voyais entrer dans le sanctuaire de jeunes filles toutes radieuses d'un bonheur enfantin, de jeunes mères souriantes et heureuses, des adolescents, bruns enfants de la montagne, des vieillards blanchis et sereins, des hommes dans la maturité de l'âge, en un mot, tous les temps de la vie apparaissaient ensemble ici. Une pieuse pensée m'y conduisit aussi ; je me mêlai à la foule des fidèles qui venait inaugurer cette église naissante ; je cherchai le coin le plus obscur et j'allai m'y agenouiller ; personne ne fit attention à moi, je fis attention à tout. J'étais face à face avec la majesté divine, non pas que le sanctuaire, riche d'architecture, fût bien orné ; la pauvreté du culte s'y faisait au contraire sentir. Mais souvent même l'indigence de l'autel a quelque chose de vénérable, de touchant, de poétique, qui frappe et attendrit le cœur par le contraste, plus que les ornements de soie et les candelabres d'or.

J'admirais alors le respectable curé de St-N...... de Lyon, apparaissant au milieu de nous, avec ses beaux cheveux blancs, sa tête vénérable, sa robe noire ; il accompagnait ici l'un de ses vicaires, nommé récemment pasteur de l'un des troupeaux de la montagne. C'était un nouvel Elisée paraissant sous le manteau d'un vieil Elie. Ce jeune prêtre est une figure resplendissante de bonté et de noblesse. Il me parut la personnification de cette partie du clergé qui n'est pas le plus haut placé, mais qui pratique de grandes vertus dans un rang modeste. Non, rien ne paraissait plus saint et plus respectable que son caractère. On dit généralement dans la montagne que son presbytère sera l'asile de l'espérance et de la charité. MM. les curés du canton étaient placés dans les stalles de droite et de gauche du chœur ; M. le maire et MM. les conseillers municipaux en occupaient l'entrée. Les fidèles remplissaient les trois nefs, et çà et là des bouquets vivants, formés par des grappes de jeunes dames, ressemblant à une constellation. Le suisse de l'une des églises de Lyon apparaissait en grand uniforme, avec sa hallebarde à la main, qu'il faisait résonner sur les dalles.

La cérémonie commença ; le vénérable curé cantonal officia entouré d'un nombreux clergé. La grand'messe fut glorieusement célébrée en chant mélodieux et solennelle musique. Les musiciens étaient de jeunes amateurs accourus avec empressement, en qui la jeunesse laissait une nuance céleste. De leurs voix harmonieuses et de leurs instruments délicieux s'échappaient de temps en temps, comme des notes mystérieuses qui s'exhalaient vers les voûtes du temple ; c'était de la poésie chrétienne. Par intervalles les voix et les instruments se taisaient, et un silence aussi majestueux que celui *des grandes mers* dans un jour de calme régnait parmi cette multitude recueillie.

Il y eut un sermon pour la circonstance, et l'église retentit pour la première fois de mâles accents. On entendit la raison éloquente du moderne Bourdaloue ; sa parole grave tomba de haut sur les cœurs. Il inaugura dignement cette église. Il adressa des éloges au maire, au conseil municipal, à la commune, à l'habile architecte, pour cette demeure qu'ils avaient élevée à Dieu, et pour l'ardeur qui avait échauffé leurs âmes à la pensée de ce pieux projet. Il fut sublime quand il représenta le laboureur trois fois saint, et qu'il s'écria « que c'est encore servir et glorifier Dieu que de
« féconder la terre qu'il a créée. Le laboureur retrempera
« sa vigueur en venant prier Dieu dans ce temple, à la
« construction duquel il a apporté son grain de sable.
« L'infortuné trouvera sur son chemin une église de plus ;
« et comme la douleur est naturellement religieuse, il

« entrera dans le saint lieu, y priera avec ferveur et se
« sentira mieux en sortant. »

Les bons habitants de la montagne écouteront cette voix
qui ne leur est pas inconnue, cette voix qu'ils sont habitués à respecter et à aimer.

Une noble et abondante récolte fut faite ensuite dans
l'église ; le plat reçut l'humble denier du pauvre comme les
plus riches offrandes ; tout le monde donna en cette occur-
rence.

Des lévites en tuniques blanches balancent ensuite l'en-
censoir devant le Très-Haut et annoncent le moment
solennel de la bénédiction. Le peuple se prosterne, la
musique des séraphins fait encore entendre de ravissantes
choses. Les vœux, l'encens, montent vers l'autel, et les
jeunes vierges des champs, sous l'œil de leurs mères, adou-
cissent encore par leurs voix pures et naïves la pompe atten-
drissante de cette cérémonie. L'officiant, ému de l'allégresse
des fidèles, élève ses yeux et ses mains vers le ciel, puis les
rabaisse vers la terre lentement et comme chargées du
poids des bénédictions qu'il répand sur huit cents chré-
tiens réunis dans cette église. Il avait une figure admirable
au milieu de cette scène sublime, que le soleil venait encore
éclairer dans un de ces derniers beaux jours d'été. Cet astre
déroulait alors ses plus belles nappes de lumière du haut
d'un ciel pur et bleu ; il jetait ses rayons dorés sur les
blanches sculptures du portail de l'église et sur la masse im-
posante de sa façade, tandis qu'il baignait d'un or fluide

la cime des arbres de la forêt de la Barolière, fiers de la richesse de leur feuillage. Un faible rayon brisé, à travers les vitraux de l'abside et qui descendait sur l'autel chargé des couleurs tendres et brillantes du paysage voisin, y semait une auréole vive, un sourire calme, une sérénité reposée, une joie pieuse.

Cette fête de famille me plongea dans de douces et secrètes pensées ; ce fut un instant de ravissement. Ce qui ouvre le ciel à une âme rêveuse et tendre, ce qui lui cause une sainte extase, c'est ce que je venais de voir et d'entendre. Heureux et bénis ceux qui aiment et qui croient, ceux qui font de toute philosophie une religion !

Il y a des âmes méditatives que la contemplation élève vers les idées infinies, et qui cherchent en elles-mêmes et dans la création qui les environne des degrés pour monter à Dieu. Puissent ces âmes pensives et pieuses visiter la petite église de Limonest et y prier avec les paroles de ses habitués ! Elle leur prêtera des expressions et des images pour se révéler à la Divinité. En la quittant, elles conserveront des pleurs pour effacer les maux de la veille, des espérances pour les conduire à travers les maux du lendemain.

UN TOURISTE.

P. S. Je reviendrai avec bonheur l'année prochaine assister à la consécration et à la dédicace de cette charmante église. On dit déjà qu'un prince de l'Eglise officiera pontificalement, entouré de ses grands dignitaires de la métropole, d'un nombreux clergé ; on ajoute même qu'un personnage éminent assistera à cette auguste cérémonie à laquelle je suis déjà convié. Que de raisons pour ne pas manquer à cet intéressant rendez-vous !